www.ingramcontent.com/pod-product-compliance
Lightning Source LLC
LaVergne TN
LVHW010414070526
838199LV00064B/5301
9789358720501

آدم خور شیرنی کی کہانی

مصنف:

احمر پرویز

© Taemeer Publications

Adam-khor Sherni ki kahani

by: Ahmar Parvez

Edition: June '2023

Publisher & Printer:

Taemeer Publications, Hyderabad.

ISBN 978-93-5872-050-1

9 789358 720501

مصنف یا ناشر کی پیشگی اجازت کے بغیر اس کتاب کا کوئی بھی حصہ کسی بھی شکل میں بشمول ویب سائٹ پر اَپ لوڈنگ کے لیے استعمال نہ کیا جائے۔ نیز اس کتاب پر کسی بھی قسم کے تنازع کو نمٹانے کا اختیار صرف حیدرآباد (تلنگانہ) کی عدلیہ کو ہو گا۔

© تعمیر پبلی کیشنز

کتاب	:	**آدم خور شیرنی کی کہانی**
مصنف	:	**احمر پرویز**
صنف	:	ادب اطفال
ناشر	:	تعمیر پبلی کیشنز (حیدرآباد، انڈیا)
زیر اہتمام	:	تعمیر ویب ڈیولپمنٹ، حیدرآباد
سالِ اشاعت	:	۲۰۲۳ء
تعداد	:	(پرنٹ آن ڈیمانڈ)
طابع	:	تعمیر پبلی کیشنز، حیدرآباد – ۲۴
صفحات	:	۴۶
سرورق ڈیزائن	:	تعمیر ویب ڈیزائن

ایک آدم خور شیرنی کی کہانی

آپ نے بڑے بڑے شکاریوں کا حال کتابوں میں پڑھا ہوگا۔ آدم خور شیروں کا ذکر سنا ہوگا۔ جیسے "ساؤ کے مردم خور" یا "کماؤں کے مردم خور" ——— آپ جم کاربٹ کا نام بھی جانتے ہوں گے جنھوں نے ہمارے ملک میں بڑا نام پیدا کیا۔ وہ جانوروں سے محبت بھی کرتے تھے، اور اگر وہ آدمیوں کو ستاتے تو ان کا شکار بھی کرتے تھے۔ لیکن ہندوستانی شکاریوں کا نام بہت کم سننے میں آتا ہے۔ اس کے معنی یہ نہیں ہیں کہ انھوں نے کبھی ایسا کوئی کارنامہ نہیں کیا بلکہ بات یہ ہے کہ ان کا ذکر عام طور پر اخباروں میں نہیں آتا۔ کتنے لوگ ہیں جو اچھے کام اس لئے کرتے ہیں کہ وہ کام اچھے ہیں۔ وہ نہ تو شہرت چاہتے ہیں اور نہ اپنی نیکی اور بہادری کا بدلہ اسی لئے ضرورت ہے کہ ایسے گمنام لوگوں کے بارے میں ہم آپ معلومات حاصل کریں، اور ان کے کارناموں پر روشنی ڈالیں۔ اس سے یہ فائدہ ہوتا ہے کہ اچھائی کے کاموں پر ہمارا اعتقاد پکا ہو جاتا ہے۔ اور دوسروں کے اندر اچھے کام کرنے کا حوصلہ پیدا ہوتا ہے۔

محمد وحید خاں کھوکھر

آیئے آپ کو ایک بڑے شکاری اور اچھے انسان کے بارے میں چند باتیں بتائیں۔ یہ تھے مدھیہ پردیش کے "محمد وحید خاں کھوکھر"۔ اگر آپ مدھیہ پردیش کے جنگلوں میں جائیں تو وہاں آپ کھوکھر صاحب کا نام ضرور سنیں گے وہ پہلے رینج آفیسر کے طور پر کام کرتے تھے۔ جسے عام طور پر لوگ رینجر کہتے ہیں۔ اس کے بعد وہ ترقی کرتے کرتے کنزرویٹر آف فارسٹ کے عہدے پر پہنچے۔ اور چونتیس سال کام کرنے کے بعد سرکاری ملازمت سے ریٹائر ہوئے۔ اس عرصے میں ان کے سامنے نہ جانے کتنی مشکلات آئیں جن پر انہوں نے قابو پایا۔ کتنی بار تو انہوں نے اپنی جان کو بھی خطرے میں ڈالا۔ یہ تو سچ ہے کہ جنگلات کی زندگی میں خطروں میں جینا پڑتا ہے اس لئے کہ کسی وقت بھی ان کا آمنا سامنا کسی خطرناک درندے سے ہو سکتا ہے۔ انہیں خطروں کا مقابلہ کھوکھر صاحب کو بھی کرنا پڑا۔

جنگلوں کی دولت اور ان کی حفاظت

محکمۂ جنگلات میں بہت سے لوگ کام کرتے ہیں۔ کیونکہ یہاں ملک کی دولت کھلی پڑی ہوتی ہے۔ جنگلوں میں قیمتی درخت ہوتے ہیں جن کی لکڑیاں ہماری روزمرہ زندگی میں کام آتی ہیں جیسے شیشم، ساگوان، بانس وغیرہ وغیرہ۔ بہت سی ایسی جڑی بوٹیاں ہیں جن سے دوائیں بنائی جاتی ہیں۔ ہمارے ملک کے اندر انھیں جنگلات میں بہت سے جانور ہیں۔ گویا یہ ایک کھلا ہوا چڑیا گھر ہے۔ جسے انگریزی میں زو (Zoo) کہتے ہیں۔ اس لئے سرکار نے یہ بندوبست کیا ہے کہ جانوروں کی زندگی کو محفوظ کیا جائے۔ پچھلے دنوں، ہندوستان میں شیروں کی آبادی بہت گھٹ گئی تھی، تو حکومت نے شیر کے شکار پر

پابندی بھی لگادی۔

جنگلات میں جو لوگ کام کرتے ہیں ان کا زیادہ تر وقت جنگل میں گذرتا ہے جنگل میں جو سپاہی حفاظتی کام کرتے ہیں انھیں فارسٹ گارڈ کہتے ہیں۔ یہ لوگ اپنا کام بڑی لگن کے ساتھ کرتے ہیں۔ محکمۂ جنگلات میں کام کرنے والوں کا زیادہ وقت جنگل میں گذرتا ہے۔ یہ لوگ وہیں چھوٹی چھوٹی بستیاں بھی بنا لیتے ہیں۔ ان میں وہ مزدور بھی ہوتے ہیں جو جنگلات میں اور دوسرے کام کرتے ہیں۔ جیسے پیڑوں کا کاٹنا انھیں دور تک لے جانا۔ ان تمام لوگوں کی حفاظت فارسٹ گارڈ کرتے ہیں۔ اگر سرکار ان لوگوں کی جان کی حفاظت نہ کرے، ان کے پالتو جانوروں کا خیال نہ رکھے تو یہ مزدور ہرگز کام پر نہیں جائیں گے۔ یہ لوگ جنگلوں میں رہتے رہتے بہت نڈر ہو جاتے ہیں۔ اور سیدھے سادے جانوروں سے نہیں ڈرتے۔

آدم خور درندے

جب گوشت خور جانور کسی وجہ سے جنگلی جانوروں کا شکار نہیں کر پاتے تو یہ پالتو جانوروں کو پکڑنے لگتے ہیں اور اس وقت اور زیادہ خطرناک ہو جاتے ہیں۔ اس کے بعد تو یہ آدمیوں کو بھی نہیں چھوڑتے۔ جب ایک مرتبہ آدمیوں کا خون منہ کو لگ جاتا ہے تو پھر یہ آدمیوں کو ڈھونڈتے ڈھونڈتے بستی میں بھی داخل ہو جاتے ہیں۔

جب شیر یا چیتے بوڑھے ہو جاتے ہیں یا کسی شکاری کی گولی سے اس طرح زخمی ہو جاتے ہیں کہ پھر جانوروں کا شکار نہیں کر پاتے تو پھر یہ چھپ چھپا کر آدمیوں پر حملہ کرنے لگتے ہیں اور جنگل کے رہنے والوں میں ہر طرف دہشت پھیل جاتی ہے پھر وہ اپنے گھر بار چھوڑ کر بھاگ جاتے ہیں۔ جنگل کے فارسٹ گارڈ ایسے حالات

پیدا ہونے پر مزدوردوں کے جانوروں کی پوری پوری حفاظت کرتے ہیں۔ کھوکھر صاحب بھی سرکاری افسر تھے۔ انہوں نے بھی انسانوں کی جانیں بچانے کے لئے ایسے کئی آدم خور شیر اور چیتے مارے۔

ایک شیرنی آدم خور ہوگئی

آیئے آپ کو ان کی زندگی کا ایک بڑا دلچسپ لیکن رونگٹے کھڑے کرنے والا واقعہ سنائیں۔ یہ بات ۱۹۴۵ء کی ہے۔ بلاس پورکے کوٹا مارچ میں ایک شیرنی آدم خور ہوگئی تھی۔ اس شیرنی نے تقریباً اٹھارہ آدمیوں کو جان سے مار ڈالا تھا۔ سارے علاقے میں خون و ہراس پھیل گیا تھا۔ یہ شیرنی بھی کچھ ایسی چالاک ہوگئی تھی کہ کسی طرح قابو میں ہی نہ آتی تھی۔ اس کا نتیجہ یہ ہوا کہ کوئی مزدور بھی جنگل میں کام کرنے کے لئے تیار نہ ہوتا تھا۔ اور آس پاس کی سات آٹھ مزدور بستیاں بالکل ویران ہوگئیں۔

جب کھوکھر صاحب نے یہ سب باتیں سنیں تو انہیں ایسا لگا جیسے کسی نے ان کی ہمت کو للکارا ہو۔ اس وقت کھوکھر صاحب کوٹا علاقے کے رینجر تھے انہیں معلوم ہوا کہ وہ امرکنٹک کے پاس انسانوں پر حملے کر رہی ہے۔ وہاں کے رہنے والوں میں کھلبلی مچ گئی ہے اور وہ بستیاں چھوڑ چھوڑ کر بھاگ رہے ہیں تو انہوں نے اپنی بندوق اٹھائی۔ شیر بڑا چالاک ہوتا ہے۔ اس شیرنی کو بھی اندازہ ہوگیا کہ لوگ اس کے پیچھے پڑے ہیں تو وہاں سے جو بیس میل دور "لمئی" کی طرف چلی گئی۔ پہلے تو شیرنی کے حملوں کے چھوٹے موٹے قصے سننے میں آئے لیکن ایک ہفتے کے اندر اندر اس کی کاروائیوں میں تیزی آگئی۔

شیرنی نے سادھو کو مار دیا

امرکنٹک تیرتھ یاترا کی جگہ ہے۔ وہاں دو سادھو جا رہے تھے۔ لمئی رینج میں ایک

نالہ ہے ایک سادھو پیشاب کرنے کیلئے نالے میں چلا گیا   دوسرا سادھو انتظار کرنے لگا۔ جب وہ کافی دیر تک نالے سے باہر نہیں آیا تو دوسرا سادھو ڈھونڈنے کے لیے نالے کی طرف گیا۔ ابھی وہ تھوڑی دور ہی گیا تھا کہ اسے گیرو سے کپڑے نظر آئے جو بکھرے پڑے تھے یہاں وہاں پڑے ہوئے تھے۔ اور ان کپڑوں کے پاس ہی بہت سے خون کا ڈھیر تھا۔ سادھو کو یقین ہو گیا کہ اس کے دوست سادھو کو کسی جنگلی جانور نے مار ڈالا۔ وہ وہاں سے وِنداول گاؤں آیا۔ یہاں پر کھوکھر صاحب بھی ٹھہرے ہوئے تھے۔ اس نے رو رو کر اپنے ساتھی کی

موت کا حال سنایا۔ کھوکھر صاحب نے اس کو تسلی دی اور یقین دلایا کہ وہ اس درندے کو ضرور ماریں گے تاکہ آئندہ کوئی آدمی اس کا شکار نہ

ہو۔ پھر وہ سادھو بیچارہ وہاں سے اکیلا چلا گیا۔

ایک اہیر لاپتہ

جنوری ۱۹۴۶ء میں پھر کھوکھر صاحب کو اطلاع ملی کہ "تلائی دبرا" گاؤں کے پاس دو بھائی جو "اہیر" تھے۔ وہ اپنی گایوں اور بھینسوں کو جنگل میں چرانے کے لیے گئے۔ ان کا طریقہ یہ تھا کہ ایک بھائی گایوں کو چراتا تھا تو دوسرا بھینسوں کو۔ لمنی گاؤں سڑک کے کنارے واقع تھا۔ وہ تلائی دبرا کی چراگاہ میں اپنے مویشیوں کو لے جاتے۔ ایک دن دونوں بھائی اپنی گایوں اور بھینسوں کو ساتھ ساتھ لے گئے۔ یہ لوگ سڑک پر سے

ہوتے ہوئے ایک دوسری سڑک پر آگئے جو سانبھر دھسان گاؤں کی طرف جاتی تھی۔ دونوں بھائی گائیں بھینیں لیے ہوئے یہاں تک آئے۔ یہاں سے چھوٹا بھائی گائے چرانے سانبھر دھسان سڑک سے آگے گیا۔ شام

ہوتے ہوتے گائیں اپنے بسیرے کی جگہ پر واپس آگئیں۔ لیکن چھوٹا بھائی ان کے ساتھ واپس نہ آیا۔ بڑا بھائی اپنی بھینسوں کو لے کر واپس آگیا۔ اب تو سب لوگ پریشان ہوگئے کہ آخر کیا بات ہے۔ بڑے بھائی نے تلائی دبرا کے فارسٹ گارڈ کے پاس جاکر اپنی پریشانی کا حال سنایا اور ان پر زور دیا کہ گاؤں والوں کو ساتھ لے کر اس کو ڈھونڈنے چلیں۔ چنانچہ فارسٹ گارڈ نے گاؤں والوں کو ساتھ لیا اور روشنی کا معقول انتظام کر کے چھپر واسڑک پر اس جگہ پہنچے جہاں سے سانبھر دھسلن کے لیے سڑک کٹتی ہے۔ یہاں تک دونوں بھائی ساتھ ساتھ آئے تھے۔ اسی راستے

سے چھوٹا بھائی گائیں لے کر سانبھر دھسان سڑک پر چلا گیا تھا۔ اسی لئے سب لوگ اس راستے پر چل پڑے۔ ابھی یہ لوگ سانبھر دھساں سڑک پر تھوڑی ہی دور گئے تھے کہ سڑک پر ہی انھیں خون کے نشان نظر آئے۔ اس کے ساتھ ہی شیر کے پنجے کے نشان بھی تھے۔

ان لوگوں کو سمجھنے میں زیادہ دیر نہ لگی کہ چھوٹے ابہر کو شیر نے مار ڈالا ہے۔ چونکہ کافی اندھیرا ہوگیا تھا اس لئے یہ لوگ تلاش دبرا گاؤں واپس آگئے۔

لاش مل گئی

اگلے دن گاؤں والوں نے اس حادثے کی خبر کوٹا پولیس تھانے اور لمنی کے رینجر جناب چندی پرشاد کے پاس بھیج دی جو وہاں ٹھہرے ہوئے تھے۔ چندی پرشاد رینجر نے بلاسپور ڈسٹرک فارسٹ آفیسر کو یہ اطلاع بھیج دی۔ یہ خبر پاتے ہی آس پاس کے گاؤں کے بہت سارے لوگ شور مچاتے ہوئے اس طرف بڑھنے لگے جس طرف شیر لاش کو کھینچتا ہوا

لے گیا تھا۔ تین چار سو گز دور جانے کے بعد شیر کے گرجنے کی آواز سنائی دی چونکہ گاؤں کے لوگ بہت شور مچا رہے تھے اس لئے شیر لاش کو چھوڑ کر دور ہٹ گیا۔ فارسٹ گارڈ نے لاش کو ایک جھاڑ پر تقریباً دس فٹ کی اونچائی پر باندھ دیا۔ کیونکہ پولیس کو لاش کا باقاعدہ پنچ نامہ تیار کرنا تھا۔ شیر لاش کا ایک پیر اور سینے کا کچھ حصہ کھا چکا تھا۔ اس واقعہ کی رپورٹ، تھانے میں داخل ہونے کے بعد کوٹا تھانے کے سب انسپکٹر گپتا صاحب کھوکھر صاحب کے پاس یہ پوچھنے آئے کہ انہیں اب کیا کرنا چاہیے۔ اسی وقت کھوکھر صاحب کے پاس ڈسٹرکٹ فارسٹ آفیسر

(ڈی۔ایف۔او) کا خط بھی پہنچا جس میں انھوں نے کھوکھر صاحب کو ہدایت دی تھی کہ وہ فوراً تلائی دبرا جاکر پوری چھان بین کریں۔ اور اس آدم خور شیرنی کو مارنے کی پوری تیاری کریں۔ یہ سن کر سب انسپکٹر بے حد خوش ہوا کہ کھوکھر صاحب جیسے اچھے شکاری بھی اس کے ساتھ تلائی دبرا چل رہے تھے۔

شیرنی پیڑ پر چڑھ گئی

اہیر کو مرے ہوئے تین چار روز ہو گئے تھے اور زیادہ دیر کرنا ٹھیک نہیں تھا۔ کھوکھر صاحب جانے کے لیۓ تیار ہو گئے۔ ان کے ساتھ سب انسپکٹر اور ایک کانسٹبل بھی تھا۔ یہ لوگ سب سائیکل پر وہاں پہونچے۔ کھوکھر صاحب نے اپنی پانچ سو بور کی رائفل بھی ساتھ لے لی تھی۔ ابھی یہ لوگ کوٹا سے پندرہ میل دور ہی پہونچے تھے کہ شام ہو گئی۔ مجبوراً انھیں ایک گاؤں میں پڑاؤ ڈالنا پڑا اس کا نام تھا" اچانک مار"۔ اگلے دن پھر سویرے تڑکے یہ تینوں تلائی دبرا کے لیے روانہ ہو گئے۔ دس بجے کے قریب وہاں پہونچے۔ وہاں پہنچ کر انہوں نے دیکھا کہ لنی کے رینجر صاحب سو ڈیڑھ سو آدمیوں کے ساتھ کھوکھر صاحب کا انتظار کر رہے تھے۔ رینجر صاحب نے بتایا کہ ان کی بھی یہ خواہش تھی کہ اس شیر کو مارنے کی ذمہ داری کھوکھر صاحب کے سپرد کی جائے اور انھوں نے ڈی۔ایف۔او صاحب پر اس کیلئے زور بھی ڈالا تھا۔ کھوکھر صاحب نے ہانکے کی تیاری شروع کر دی۔ یہ لوگ اس جگہ پر پہلے پہنچے جس جگہ پر شیر نے چھوٹے اہیر کو پکڑا تھا۔ وہاں پر چھوٹے اہیر کا خون سوکھ کر جم چکا تھا۔ ایک مزے کی بات یہ تھی کہ شیر کے پنجے کے نشان اس جگہ پر اب بھی صاف موجود تھے۔
اس کی وجہ یہ تھی کہ جس دن سے یہ واقعہ ہوا تھا لوگوں نے اس راستے سے آنا جانا بند کر دیا تھا۔ پنجوں کے نشان ایسے تھے کہ تجربہ کار لوگ پہچان سکتے تھے

کہ وہ شیرنی ہے۔ یہ لوگ جب اس جگہ پر پہنچے جس جگہ لاش پیڑ پر ۱۰ فٹ کی اونچائی پر رکھی گئی تھی تو یہ دیکھ کر حیرت میں رہ گئے کہ شیرنی نے لاش کو پیڑ سے اتار کر زمین میں گرا کر کھا لیا تھا۔ شیرنی کے پنجوں کے نشان پیڑ پر نظر آ رہے تھے۔ جس سے یہ معلوم ہوتا تھا کہ اس نے خود پیڑ پر چڑھ کر لاش کو اتارا تھا۔ وہاں صرف آنتیں باقی تھیں، جو سڑ گئی تھیں۔ وہاں بدبو آ رہی تھی۔ آج اہیر کو مرے ہوئے چوتھا دن ہو چکا تھا۔ کھوکھر صاحب نے بتایا کہ : زندگی میں

پہلی بار انہوں نے دیکھا ہے کہ شیر پیڑ پر بھی چڑھ سکتا ہے۔ اس سے پہلے یہ بات کبھی سننے میں نہیں آئی۔ کھوکھر صاحب نے شکار کا پروگرام بنایا۔ لیکن پولیس انسپکٹر پھر وہاں جانے کے لیے ہرگز تیار نہیں ہوا۔ وہ اپنے ساتھ کانسٹبل کو بھی لے کر کوٹا واپس چلا گیا۔

شیرنی بچ کر نکل گئی

اب کھوکھر صاحب گاؤں والوں کے ساتھ اکیلے رہ گئے تھے۔ انہوں نے وہیں پاس ہی ایک پیڑ پر مچان بنوایا جس پر بیٹھ کر شیر کا شکار کیا جا سکتا تھا۔ اب انہوں نے ہانکا کرنے کے

لیے کہا۔ ہانکا کرنے کا طریقہ یہ ہے کہ اس علاقے کو جہاں درندے کی موجودگی کے آثار ہوں گاؤں والے ہر طرف سے گھیر لیتے ہیں۔ اور اس نصف دائرے کو تنگ کرتے جاتے ہیں۔ ڈھولک کی آواز اور جلتی ہوئی مشعلیں ہاتھ میں لے کر دوڑنا شروع کرتے ہیں۔ اتنے شور و غل اور آگ کی روشنی دیکھ کر درندہ گھبرا کر اِدھر اُدھر بھاگنے لگتا ہے اور اسی طرف کا رخ کرتا ہے جدھر آدمی نہیں ہوتے شکاری کو یہ اندازہ بخوبی ہوتا ہے کہ ہانکا کرنے پر درندہ کدھر جائے گا۔ بس وہ اس طرف کسی پیڑ پر مچان باندھ کر بیٹھ جاتا ہے اور جیسے ہی درندہ مچان کے نیچے سے گذرتا ہے اس کو اپنی گولی کا نشانہ بنا لیتا ہے۔ چنانچہ اس طرح ہانکا شروع ہوگیا۔ ذرا سی دیر میں ہانکا ختم ہوگیا۔ لیکن شیر سے کہیں مڈبھیڑ نہیں ہوئی۔ اس کی وجہ یہ تھی کہ گاؤں والے شیرنی سے بہت زیادہ خوفزدہ تھے۔ یہ لوگ پانچ پانچ آدمیوں کی ٹولی بنا کر ہانکا کر رہے تھے۔ اور ایک ٹولی اور دوسری ٹولی کے درمیان میں اتنی جگہ تھی کہ شیرنی اس کا فائدہ اٹھا سکتی تھی۔ چنانچہ شیرنی کسی طرح نکل گئی اور کھوکھر صاحب کی مہم ناکامیاب ہوگئی۔ وہ اپنے ساتھیوں کو لے کر تلائی دبرا گاؤں واپس آگئے

بستی ویران ہونے لگی

جب گاؤں والوں نے دیکھا کہ کھوکھر صاحب نے شیرنی کو نہیں مارا اور وہ ابھی تک زندہ ہے تو وہ اور زیادہ دہشت زدہ ہوگئے۔ کچھ لوگ تو پہلے ہی گاؤں چھوڑ کر چلے گئے تھے۔ جو باقی تھے ان میں سے بھی بہتوں نے گاؤں چھوڑ دیا۔ اب جو آدمی باقی رہ گئے تھے وہ شام ہی سے اپنے گھر کے دروازے بند کرکے بیٹھ گئے۔ گاؤں والے عام طور پر توہم پرست ہوتے ہیں۔ وہ سوچنے لگے کہ ضرور ہم لوگوں سے دیوتا ناراض ہوگئے ہیں اور شیرنی کے روپ میں ہمیں سزا دے رہے ہیں۔ کھوکھر صاحب نے ان لوگوں کو بہتیرا سمجھایا کہ ایسی کوئی بات نہیں ہے

ہم شیرنی کو مارنے میں ضرور کامیاب ہوں گے لیکن ان کے توہم کو دور کرنے میں کامیاب نہ ہو سکے۔

اس کے بعد کئی روز تک کھوکھر صاحب اِدھر اُدھر بھٹکتے رہے۔ لیکن شیرنی کا کوئی پتہ نہیں چلا۔ اور جب بالکل مایوس ہو گئے تو کوٹا واپس آ گئے۔ ابھی چند ہی روز ہوئے تھے کہ یہ خبر ملی کہ شیرنی کوٹا رینج کے جنگلوں میں دیکھی گئی ہے اور اس کی وجہ سے گاؤں کے اور لوگوں میں بھگدڑ مچ گئی ہے۔ یہ گاؤں کھوکھر صاحب

کے علاقے میں تھے۔ اور ان کی حفاظت کی ذمہ داری ان کے ہی سپرد تھی

ایک آدمی غائب

اگلا مہینہ فروری کا تھا۔ فروری میں یہ خبر آئی کہ چار آدمی ایک گاؤں سے دوسرے

گاؤں دعوت کھانے جارہے تھے۔ جب وہ لوگ جنگل پار کررہے تھے تو ان میں سے ایک آدمی اچانک غائب ہوگیا۔ اس کا کچھ پتہ نہیں چلا۔ پہلے لوگوں کا خیال تھا کہ جنگل کا دیوتا لوگوں کو ایک ایک کرکے غائب کردیتا ہے لیکن جب سے آدم خور شیرنی کے بارے میں معلوم ہوا تھا سب کو یقین ہوگیا تھا کہ شیرنی ہی آدمیوں کو غائب کرتی ہے۔ اس خبر کو سن کر کھوکھر صاحب کو بہت دکھ ہوا۔ اس زمانے میں جنگلوں میں اکثر آگ بھی لگتی ہے۔ اس لئے گورنمنٹ "فائر واچر" رکھتی ہے جو آگ لگنے پر نظر رکھتے ہیں۔ اور آگ لگنے کی صورت میں اس کے بجھانے کا انتظام کرتے ہیں۔ "فائر واچرز" کی ڈیوٹی لگانے کے سلسلے میں کھوکھر صاحب جب "اچانک مار" گاؤں پہنچے تو انہیں وہاں بھی شیرنی کے بارے میں ایسے واقعات سننے میں آئے جس سے وہ بہت پریشان ہوئے۔ یہاں بھی لوگ گاؤں چھوڑ چھوڑ کر بھاگ رہے تھے۔ کھوکھر صاحب نے اپنی بندوق کندھے پر ڈالی اور گاؤں گاؤں پھر کر لوگوں کو یقین دلانے کی کوشش کی کہ "تم گاؤں مت چھوڑو میں شیرنی کو ضرور ماروں گا"۔ اس دن سے کھوکھر صاحب برابر دن بھر رائفل کندھے پر ڈالے جنگل میں اکیلے چکر لگاتے پھرتے تھے۔ گاؤں والوں پر اس کا بہت اچھا اثر پڑا۔ اور انہوں نے گاؤں چھوڑنے کا خیال چھوڑ دیا۔ اب گاؤں والے چار چار پانچ پانچ آدمیوں کی ٹولی بنا کر جنگل میں کام کرنے لگے۔ ہر ایک ٹولی کے ساتھ دو ایک نوجوان ضرور رہتے تھے۔ ہر آدمی ہر وقت ڈرا سہا سا رہتا تھا کہ نہ جانے کس وقت کس پیڑ کے پیچھے سے آدم خور شیرنی ان کے اوپر جھپٹ پڑے۔ کھوکھر صاحب بھی دو آدمیوں کو لے کر اپنی مہم پر چل پڑتے تھے۔ یہ لوگ بہت پھونک پھونک کر قدم بڑھا رہے تھے۔ کیونکہ یہ جانتے تھے کہ ان کی ذرا سی لاپرواہی کسی کو بھی موت کے گھاٹ اتار سکتی تھی۔ دوسری طرف شیرنی بھی بہت چالاک ہوگئی تھی۔ جب تک وہ حملہ نہ کرلیتی کسی کو یہ پتہ ہی نہ چلتا کہ شیرنی اس سے کتنی دور پر ہے۔ شیرنی

اتنی تیزی سے اپنا کام کرتی کہ کسی کو پتہ ہی نہ چل پاتا اور وہ اپنے شکار کو لیکر نو دو گیارہ ہوجاتی۔ اس شیرنی کو مارنے کے لیے یہ ضروری تھا کہ شکاری شیرنی سے زیادہ چالاک ہو کر اس کا پیچھا کرے۔

'فائر واچر' کا مسئلہ

کھوکھر صاحب اور ان کے ساتھی دو تین دن تک اسی طرح مارے مارے پھرے لیکن شیرنی کا کہیں پتہ نہیں چلا۔ کھوکھر صاحب کے سامنے ایک مسئلہ اور آگیا۔ کوئی آدمی بھی اکیلا "فائر واچر" کی حیثیت سے جنگل میں جانے کے لیے تیار نہیں تھا۔ ان کا کہنا تھا کہ شیرنی انھیں اکیلا پاکر آسانی سے مار ڈالے گی اور سچی بات بھی یہی تھی۔ شیرنی اب بہت نڈر ہو چکی تھی۔ چار پانچ آدمیوں میں سے ایک کو اٹھالے جانا اس کی عادت بن چکی تھی۔ کھوکھر صاحب نے منڈلا ہیڈ کوارٹر سے اجازت مانگی کہ ایک "فائر واچر" کی جگہ دو "فائر واچر" کا انتظام ہونا چاہئے۔ ان کی یہ درخواست فوراً منظور ہوگئی۔ جنگل کے دوسرے سرکاری ملازموں کو بھی ہدایت کر دی گئی کہ جب بھی جنگل میں جائیں وہ اکیلے نہ جائیں اپنے ساتھ دو چار آدمیوں کو ضرور رکھ لیں۔

شیرنی نے ایک اور آدمی مارا

۲۰۔ مارچ کو ایک سرکاری نوکر کوٹا سے ایک نئی خبر لے کر آیا کہ چھپروا گاؤں کے تین آدمی جنگل میں لکڑی کاٹ رہے تھے۔ ان میں سے دو آدمی پاس پاس

تھے۔ ایک آدمی کوئی بیس پچیس گز کے فاصلے پر نالے کے کنارے پر لکڑی کاٹ رہا تھا تیسرا آدمی شیرنی کا شکار ہو گیا۔ کھوکھر صاحب کو اس واقعہ سے بہت دکھ ہوا انہوں نے فوراً یہ خبر کوٹا تھانے بھجوائی۔ اور خود چھپر وا گاؤں جانے کے لیے تیار ہو گئے۔ کھوکھر صاحب کے بڑے بھائی ڈی۔ایس۔پی تھے۔ وہ اپنے بیوی بچوں کے ساتھ چھٹیاں گزارنے ان کے پاس آئے تھے۔ انہوں نے کھوکھر صاحب کو بہت منع کیا کہ وہ نہ جائیں لیکن کھوکھر صاحب کہاں ماننے والے تھے۔ وہ اپنی رائفل کندھے پر ڈال کر چل پڑے۔ یہ ابھی گاؤں" اچانک مار" تک پہونچے تھے کہ ان کے بھائی انسپکٹر کو لے کر ایک ٹرک سے وہاں پہنچے۔ کھوکھر صاحب

نے اپنے ڈپٹی رینجر اور فارسٹر کو لیا اور چھپروا روانہ ہوئے۔ چھپروا پہنچ کر انہوں نے ڈپٹی رینجر سے کہا کہ وہ آدمیوں کو اکٹھا کریں۔ وہاں سے وہ اسی ٹرک سے اس جگہ پہنچے جہاں پر شیرنی نے اس لکڑی کاٹنے والے کو مارا تھا۔ ان لوگوں نے ٹرک کو تو باہر چھوڑا اور خود وہاں پیدل پہنچے۔

ایک ہیبت ناک منظر !

وہاں ایک عجیب ہیبت ناک منظر دیکھنے میں آیا۔ شیرنی لاش کا پورا گوشت نکال کر کھا گئی تھی۔ اور کہیں کہیں سے تو ہڈیاں تک چبا گئی تھی۔ بس یوں سمجھئے کہ صرف آنتیں باقی رہ گئی تھیں۔ اس سے یہ اندازہ ہوتا تھا کہ شیرنی بہت بھوکی تھی۔ اس کے علاوہ آس پاس کے نشانات دیکھ کر ایک اور بات کا پتہ چلتا تھا کہ شیرنی لاش کو تھوڑا سا کھاتی تھی اور پھر پیڑ پر چڑھ جاتی تھی اس نے ایسا کئی بار کیا۔ کیونکہ اس کے بار بار اترنے اور چڑھنے کے نشانات پیڑ پر صاف دکھائی دے رہے تھے۔ شیرنی جس پیڑ پر چڑھتی تھی یہ پیڑ لاش سے کوئی بیس پچیس گز کے فاصلہ پر تھا۔ شیرنی گویا لاش سے کھیل، کھیل کر کھا رہی تھی۔ اس سے اس بات کا اندازہ ہوتا تھا کہ اس کے دل میں انسان سے کتنی نفرت ہے۔ اور جیسے وہ انسان سے کوئی بدلہ لے رہی ہو۔ آج آدمی کو مرے دوسرا دن تھا اور لوگوں کا خیال ہے کہ شیرنی بھی کہیں آس پاس ہی ہوگی۔ سب لوگ دوبارہ سڑک پر ٹرک کے پاس لوٹ آئے۔ ہانکا کرنے والے بھی وہاں پر پہنچ چکے تھے۔ جس جگہ پر لاش پڑی تھی وہاں پر پاس ہی مچان بنایا گیا اور کھوکھر صاحب اس مچان پر جاکر بیٹھ گئے۔ اس بار ہانکے میں پھر وہی غلطی ہوئی ــــ گاؤں والوں کے دل

میں شیر کا خوف کچھ ایسا سمایا ہوا تھا کہ کوئی بھی پیڑ پر چڑھنے کے لئے تیار نہ ہوا۔

ہانکے والے دس دس اور پندرہ پندرہ کی تعداد میں ہانکا کر رہے تھے۔ شیرنی ہانکے کے گھیرے میں سے نکلنے میں پھر کامیاب ہوگئی۔ جب کھوکھر صاحب ٹرک پر پہنچے تو وہاں ان کے بھائی نے بتایا کہ ہانکا شروع ہونے سے بیس منٹ کے بعد ہی شیرنی سڑک پار کرکے دوسری طرف چلی گئی تھی۔ اب تو کھوکھر صاحب اس نتیجے پر پہنچے کہ شیرنی کو ہانکا کرکے نہیں مارا جا سکتا۔

ایک بار پھر کھوکھر صاحب کو ناکامیابی ہوئی۔ جب لوگ واپس گاؤں پہنچے تو کیا دیکھتے ہیں کہ سب لوگ گھر چھوڑ چھوڑ کر بھاگ رہے ہیں۔ کھوکھر صاحب نے بڑی مشکل سے ان لوگوں کو روکا اور خود تین دن تک چھپروا میں ٹھہرے رہے

وہ جنگل میں شیرنی کو مارنے کی کوشش کرتے رہے مگر شیرنی کا نام و نشان بھی نہ مل سکا۔

شیرنی چالاک ہوگئی

ایک دن یہ واقعہ پیش آیا کہ کھوکھر صاحب تین آدمیوں کو لے کر شیرنی کی تلاش میں جنگل میں گئے اور نالے کے کنارے کھڑے ہوکر آدم خور کو مارنے کی ترکیبیں سوچ رہے تھے تو ایسا محسوس ہوا کہ جیسے کوئی جانور نالے کی طرف جا رہا ہے۔ وہ لوگ خاموش ہوکر نالے کی طرف بڑھ گئے، لیکن وہاں کوئی جانور نظر نہیں آیا۔ صرف شیرنی کے پنجوں کے تازے نشان دکھائی دیئے۔ پنجوں کے نشانوں کو دیکھ کر ایسا معلوم ہوتا تھا کہ جہاں وہ لوگ کھڑے تھے وہاں کھڑے ہوکر شیرنی نے چکر لگایا تھا۔

اور سب سے زیادہ حیرت کی بات تو یہ تھی کہ ان لوگوں کا شیرنی سے کم سے کم فاصلہ صرف دس پندرہ گز کا تھا۔ ان لوگوں کو شیرنی کے اتنے قریب آنے کا اندازہ اس وقت ہوا جب شیرنی اپنے حملے کا ارادہ بدل کر واپس جا رہی تھی شیرنی واقعی اس قدر چالاک اور ہوشیار ہو چکی تھی کہ اس بات کا اندازہ ہر ایک کو ہو گیا تھا کہ اس کو مارنا معمولی شکاری کے بس کی بات نہیں ہے۔ غالباً اتنے آدمیوں کو اکٹھا دیکھ کر اس نے بھی سوچا کہ اس وقت حملہ کرنا مناسب نہیں ہے۔

میکو کہیں شیرنی تم کو نہ چٹ کر جائے

جب یہ لوگ ناکام ہو کر چھپروا واپس پہنچے تو گاؤں والوں کے دلوں میں شیرنی کا خوف اس قدر سما گیا تھا کہ کوئی بھی گاؤں والا "فائر واچر" کی حیثیت سے

جنگل میں جانے کے لیے تیار نہ تھا۔ کھوکھر صاحب کے لئے یہ بہت بڑا مسئلہ تھا۔ بہت کچھ سوچنے کے بعد کھوکھر صاحب کو میکو گونڈ کا خیال آیا۔ میکو بہت تندرست اور ہٹا کٹا نوجوان تھا وہ اس سے پہلے بھی کھوکھر صاحب کے یہاں کام کرچکا تھا۔ کھوکھر صاحب نے فوراً میکو کو بلا بھیجا۔ میکو اپنے ہی گاؤں کے ایک دوسرے نوجوان پرشادی گونڈ کے ساتھ "فائر واچر" کی حیثیت سے جنگل میں جانے کے لیے تیار ہوگیا۔ کھوکھر صاحب نے مذاق میں میکو سے کہا ــــ "میکو کہیں ایسا نہ ہو کہ تمہیں موٹا تازہ دیکھ کر شیرنی تم کو ہی چٹ کرجائے۔" میکو بولا "صاحب ایسی بات زبان سے نہ نکالئے، میرے بچے ابھی چھوٹے چھوٹے ہیں۔"

شیرنی کو مارنے والے کو نقد انعام

مارچ کے آخری ہفتے میں کھوکھر صاحب سالانہ حسابات تیار کرنے چلے گئے کوٹا آنے سے پہلے انہیں خبر ملی کہ آدم خور شیرنی سورستی اور کٹاری کے جنگلوں میں دیکھی گئی۔ کوٹا میں کام ختم کرنے کے بعد کھوکھر صاحب بلاس پور ڈویژن چلے گئے۔ وہاں انہوں نے فارسٹ آفیسر داور صاحب کو شیرنی کی تازہ وارداتوں کے بارے میں بتایا۔ داور صاحب نے کھوکھر صاحب سے کہا کہ بلاس پور کے کلکٹر صاحب نے اعلان کردیا ہے کہ اس شیرنی کے مارنے والے کو سو روپیہ کا نقد انعام دیا جائے گا۔ ڈویژن کا کام ختم کرنے کے بعد کھوکھر صاحب کوٹا رینج واپس گئے۔

میکو بھی مارا گیا

۱۱۔ اپریل کی صبح ایک آدمی نے سائیکل سے کوٹا آکر یہ خبر دی کہ میکو گونڈ نام کے ایک "فائر واچر" کو آدم خور شیرنی نے مار ڈالا۔ یہ خبر کھوکھر صاحب کے منہ پر ایک بھرپور تمانچے کے طور پر پڑی۔ دراصل بات یہ ہوئی کہ میکو اور پرشادی دس اپریل کو دس بجے صبح سڑک پر دونوں طرف پتے ہٹاتے ہوئے اچانک ماڑ گاؤں کی طرف بڑھ رہے تھے۔ اس

جنگل میں آگ کا بہت خطرہ تھا۔ اس لیے اس کی حفاظت بھی کچھ زیادہ ہی کی جاتی تھی۔ ابھی میکو اور پرشادی وندادل گاؤں سے تین فرلانگ کی دوری پر ہی پہنچے تھے کہ یہاں پر سڑک کا گھماؤ شروع ہوگیا۔ شیرنی اسی گھماؤ پر اونچی جھاڑیوں میں چھپی اپنے شکار پر داؤ لگا رہی تھی۔ سڑک کے بائیں طرف ایک جھاڑی تھی اور پرشادی جھاڑی کے بالکل پاس تھا۔ اور میکو پرشادی کی داہنی طرف۔ پرشادی بہت دبلا پتلا تھا اس لیے شیرنی نے پرشادی کو چھوڑ کر میکو پر چھلانگ لگادی اور اسے اٹھا کر لے گئی۔ پرشادی نے جب دیکھا کہ شیرنی نے اس کے ساتھی کی گردن توڑ دی ہے تو اس نے زمین سے ایک لکڑی اٹھائی اور اُسے زوروں سے زمین پر پٹخ پٹخ کر چلّانے لگا۔ پرشادی نے سوچا کہ شاید ایسا کرنے سے شیرنی میکو کو چھوڑ کر بھاگ جائے۔ لیکن شیرنی تو نڈر ہو چکی تھی۔ وہ غصہ میں پرشادی کی طرف دوڑی۔ پرشادی اپنی جان بچا کر گاؤں کی طرف بھاگا۔ شیرنی نے تقریباً پچاس گز تک پرشادی کا پیچھا کیا۔ میکو گردن ٹوٹنے کی وجہ سے وہیں زمین پر تڑپ رہا تھا۔ پرشادی کا پیچھا کرتے کرتے شیرنی کو خیال ہوا کہ کہیں پہلا والا شکار بھاگ نہ جائے اس لئے وہ لوٹ آئی اور میکو کو اٹھا کر جنگل میں گھس گئی۔ اس آدمی نے کھوکھر صاحب

سے کہا کہ اگر اس وقت آپ وہاں نہ جائیں گے تو گاؤں والے سب بستی چھوڑ کر چلے جائیں گے۔ میکو کی موت کا حال سن کر کھوکھر صاحب کی آنکھوں میں آنسو آ گئے۔ اور سب سے زیادہ تو انہیں اپنے مذاق سے تکلیف پہنچی تھی جو انہوں نے میکو کے ساتھ کیا تھا۔

کھوکھر صاحب میدان میں

کھوکھر صاحب نے سب سے پہلے تھانے میں رپورٹ لکھوائی اور سب انسپکٹر سے ایک گاڑی کا انتظام کرنے کے لیے کہا۔ وہ آدمی جو یہ خبر لے کر آیا تھا، اسی وقت سائیکل سے کھوکھر صاحب کا یہ پیغام لے کر چل پڑا کہ کھوکھر صاحب شام تک وہاں پہنچ رہے ہیں۔

جب دو بجے تک انتظار کرنے کے بعد بھی انسپکٹر صاحب جیپ لے کر نہیں پہونچے تو کھوکھر صاحب نے اپنی تیس اسپرنگ فیلڈ رائفل اور بارہ بور کی بندوق کھولی اور اسے کپڑے میں لپیٹ کر کیریر میں دبا کر سائیکل سے روانہ ہو گئے۔ کوٹا سے سات میل کے فاصلے پر ایک گاؤں شیو ترائی پڑتا ہے۔ کھوکھر صاحب کے دو دوست وہاں رہتے تھے۔ انہوں نے رائے دی کہ آپ ہرگز اکیلے نہ جائیں۔ ورنہ آپ کی جان خطرے میں پڑ جائے گی۔ انہوں نے یہ بھی بتایا کہ وہ آدم خور شیرنی یہاں سے تین میل کے فاصلے پر دیکھی گئی۔ اس لیے اس وقت شام کو جانا موت کے منہ میں جانا ہے لیکن کھوکھر صاحب نے اپنے دوستوں کی ایک نہ سنی ان کے دوست راجیندر پرشاد کی بیوی انہیں اپنا بھائی کہا کرتی تھیں۔ انہوں نے بھی بہت روکنا چاہا۔ لیکن کھوکھر صاحب نہ مانے۔ اس وقت دراصل کھوکھر صاحب نے طے کر لیا تھا کہ آدم خور شیرنی کو اور زیادہ وقت دینا مناسب نہیں ہے وہ جانتے تھے کہ اب آدم خور شیرنی صرف اپنی ماری ہوئی لاش پر ہی ماری جاسکتی ہے اور آج میکو کو مرے ہوئے پورے دو دن ہو چکے تھے۔ اس لیے جلد سے جلد

اس جگہ پہنچنا چاہئے۔

کھوکھر صاحب نے اپنے دوستوں اور گاؤں والوں کو اپنا فیصلہ سنا دیا۔ اور ان سے کہا کہ جو شخص بھی چاہے ان کے ساتھ چل سکتا ہے۔ لیکن ڈر کے مارے کسی کی بھی ہمت نہ پڑی اور سب نے ساتھ دینے سے انکار کر دیا۔ لیکن کھوکھر صاحب کے حوصلے بلند تھے۔ انہوں نے سائیکل اٹھائی اور "اچانک مار" کے لیے روانہ ہوگئے۔

اس سفر میں پہلے دو میل واری گھاٹ کا پہاڑی علاقہ پڑتا تھا جو انھیں پیدل چل کر طے کرنا پڑا۔ اندھیرا ہوتے ہوتے کھوکھر صاحب "اچانک مار" پہنچ گئے۔ جیسے ہی کھوکھر صاحب نے "اچانک مار" گاؤں میں قدم رکھا۔ گاؤں والوں نے انہیں چاروں طرف سے گھیر لیا اور کہنے لگے کہ ہم گاؤں چھوڑ کر جانا چاہتے ہیں کیونکہ آدم خور شیرنی نے ہماری زندگی عذاب میں کر رکھی ہے۔ ہم لوگ گھر سے باہر قدم نکالتے ہوئے ڈرتے ہیں۔ یہ دیکھ کر کھوکھر صاحب کی پریشانی اور بڑھ گئی اور "فائر واچر" کی حیثیت سے کوئی آدمی کام پر جانے کے لیے تیار نہ ہوا۔ کھوکھر صاحب نے گاؤں والوں کی ہمت بڑھائی اور گاؤں والوں سے وعدہ کیا کہ اس بار وہ اس آدم خور شیرنی کو مارے بغیر یہاں سے واپس نہ جائیں گے۔

جب کھوکھر صاحب نے گاؤں والوں کو بہت سمجھایا تب کہیں جا کر ان کے اندر ہمت پیدا ہوئی اور وہ واپس اپنے گھروں میں چلے گئے۔ کھوکھر صاحب کو پریشانی کی وجہ سے رات بھر نیند نہیں آئی۔ صبح ہوتے ہی لوگوں کی بھیڑ اکٹھا ہوگئی۔ اور وہ پھر وہی گاؤں چھوڑنے والی بات کو دہرانے لگے۔ اتنے میں فارسٹر کنہیا لال آگیا۔ اس نے میکو کے مارے جانے کا آنکھوں دیکھا حال سنایا۔

میکو کی لاش

۱۰- اپریل کی صبح فارسٹر کنہیا لال "اچانک مار" سے بندا ول جا رہا تھا کہ ساڑھے تین

میل چلنے کے بعد اس نے سڑک کے کنارے دو جوتے، پگڑی، اور بالکل تازہ خون پڑا دیکھا وہ سمجھ گیا کہ ضرور شیرنی نے کسی کو اپنا شکار بنا لیا۔ وہ یہاں سے بھاگتا ہوا بندادل پہنچا — یہاں پہنچ کر اس نے دیکھا کہ میکو کے گھر پر رونا پیٹنا مچ رہا تھا۔ اور پرشادی رو رو کر پوری کہانی سنا رہا تھا۔ اس کے بعد فارسٹر ڈیڑھ دو سو آدمیوں کو لے کر اس جگہ پر پہنچا جہاں شیرنی نے میکو کو مارا تھا۔ یہاں سے وہ لوگ شور مچاتے ہوئے اس طرف بڑھنے لگے جدھر شیرنی لاش کو گھسیٹ کر لے گئی تھی۔ انہوں نے دیکھا کہ شیرنی لاش کو کھا رہی تھی۔ وہ لوگوں کا شور سن کر بھاگ گئی۔ کنہیا لال نے تیرہ سے پندرہ انچ موٹے بیس فٹ لمبے بانس کٹوائے اور ان کو پاس پاس، رکھ کر رسی سے اس طرح باندھ دیا کہ کھاٹ سی بن گئی اس کے بعد انہوں نے ان بانسوں کے اوپر لاش کو رکھ کر اسے ایک پیڑ کے اوپر باندھ دیا اور اس کے بالکل نیچے

زمین میں زہر میں بجھے ہوئے بہت سے تیر گاڑ دیئے تاکہ شیرنی اگر لاش کے اوپر چھلانگ لگائے اور جب نیچے زمین پر کودے تو زہر میں بجھے ہوئے تیر اس کے بدن میں گھس

جائیں اور وہ مرجائے

شیرنی کی چالاکی

کنہیا لال نے یہ ساری باتیں کھوکھر صاحب کے سامنے دہرائیں۔ اسی وقت گپتا صاحب سب انسپکٹر بھی کوٹا سے آگئے۔ کھوکھر صاحب، گپتا صاحب اور دو تین سو آدمیوں کو ساتھ لے کر موقع واردات پر پہنچے۔ یہ جگہ تقریباً ساڑھے تین میل دور تھی۔ وہاں پہنچ کر انہوں نے دیکھا کہ ابھی تک میکو کی پگڑی، کلہاڑی، جھاڑو اور اس کا سوکھا ہوا خون زمین پر پڑا ہے۔ سڑک پر شیرنی کے پنجوں کے نشان دیکھ کر اندازہ ہوتا تھا کہ اس نے بنداول گاؤں کی طرف بھاگتے ہوئے پرشادی کا پیچھا چالیس گز کی دوری تک کیا تھا۔ ابھی یہ سب لوگ ان چیزوں کا جائزہ لے ہی رہے تھے کہ گاؤں سے گنوارو پنڈت ڈیڑھ دو سو آدمیوں کو ساتھ لے کر شیرنی کو مارنے کی غرض سے

وہاں پہنچ گئے، کھوکھر صاحب گنوار و پنڈت کو ساتھ لے کر اس جگہ پر پہنچے جہاں پر لاش کو ان لوگوں نے پیڑ سے باندھ دیا تھا۔ انہوں نے دیکھا کہ لاش اپنی جگہ پر حفاظت سے بندھی تھی۔ اور تیر بھی جہاں لگائے گئے تھے وہیں لگے ہوئے تھے۔ شیرنی اس قدر چالاک ہو چکی تھی کہ جس جھاڑ پر لاش بندھی تھی اس کے برابر والے پیڑ پر اس کے پنجے کے نشانات صاف طور پر نظر آ رہے تھے۔ وہ دوسرے پیڑ پر چڑھ کر لاش کو کھینچنا چاہتی تھی تاکہ نیچے اترنے پر زہریلے تیر اسکے جسم میں نہ چبھنے پائیں۔

ہانکا پھر ناکام ان تمام حالات کا اندازہ لگانے کے بعد گنوار و پنڈت نے ہانکے کی رائے دی۔ کھوکھر صاحب نے اس کی مخالفت کی۔ اس کی وجہ یہ تھی کہ انھیں اس سے پہلے کے ہانکوں کا تجربہ تھا لیکن گاؤں کے دوسرے شکاری اسی بات پر اڑے رہے کہ ہانکا ضرور کرایا جائے

مجبوراً کھوکھر صاحب کو ان کی بات ماننا پڑی۔ پولیس سب انسپکٹر نے شکار میں حصہ لینے، سے صاف طور پر انکار کر دیا۔ اور وہ اپنے جوانوں کو لے کر سڑک پر لوٹ آئے۔

مچان باندھا جائے

اس ہانکے کا بھی وہی انجام ہوا جو اس سے پہلے والے ہانکوں کا ہوا تھا اس بار بھی شیرنی بڑی چالاکی سے ہانکے والوں کے بیچ میں سے کترا کر نکل گئی۔ جب اس طرح شکار ہاتھ سے نکل گیا تو کھوکھر صاحب نے گنوار و پنڈت سے کہا۔ اب شیرنی کو مارنے کا ایک ہی طریقہ ہے کہ لاش کے پاس ہی کسی پیڑ پر مچان باندھ دی جائے اور رات کو بیٹھ کر شیرنی کا انتظار کیا جائے۔ گنوار و پنڈت اس بات پر راضی ہو گیا اور ذرا سی دیر میں لاش کے پاس والے پیڑ پر مچان بنانے کا کام بڑے زور شور سے شروع ہو گیا۔ مچان زمین سے تقریباً بیس فٹ اونچا باندھا گیا۔ حالانکہ کھوکھر صاحب نے بہت کہا کہ اونچائی ذرا کم کرو مگر ان کی کسی نے نہ سنی۔ شام کو چار بجے تک دو الگ الگ پیڑوں پر مچان بنائے گئے۔ ایک مچان گنوار و پنڈت کے لیے اور دوسرا کھوکھر صاحب کے لیے۔

شیرنی چھپ کر دیکھ رہی تھی

اب یہ مچان تیار ہو گئے لیکن اتنے میں ایک گاؤں والا بھاگتا ہوا آیا اور ان سے بولا "آپ لوگ اکیلے یہاں رات مت گذاریئے ورنہ شیر آپ کو نہ چھوڑے گا۔" وہ آدمی گڑگڑا گڑگڑا کر ان سے کہنے لگا۔ اس کا کہنا تھا کہ گنوار و پنڈت کی تو ہمت ٹوٹ گئی اور وہ فوراً مچان سے اتر پڑا۔ اب گنوار و پنڈت نے کھوکھر صاحب سے کہا "سرکار آپ بھی چلیے۔ اسی میں آپ کی بھلائی ہے۔ کیونکہ شیرنی پر بھوت سوار ہے وہ اکیلا تو کسی کو بھی زندہ نہ چھوڑے گی۔" اور یہ بات سچ بھی تھی کہ ایسی حالت میں اکیلے مچان پر بیٹھنا موت کو دعوت دینا تھا۔ اس لیے پہلے تو کھوکھر صاحب نے گاؤں

والوں کی خوشامد کی کہ کوئی ان کے ساتھ مچان پر بیٹھ جائے کیونکہ ایک ایسے آدمی کی بھی ضرورت تھی جو روشنی دکھائے ۔ لیکن جب کوئی راضی نہ ہوا تو مجبوراً کھوکھر صاحب بھی مچان سے اتر پڑے اور گاؤں کا رخ کیا۔ اور اس میں حیرت کی بات یہ ہے کہ جب یہ لوگ لاش کے پاس کھڑے تھے تو شیرنی انھیں پیڑ کے پیچھے سے چھپ

کر دیکھ رہی تھی اور جیسے ہی یہ لوگ گاؤں کے لیے روانہ ہوئے تو اک دم ان کو پیڑ پر سے شیرنی کے لاش کھینچنے کی آواز آئی۔ کھوکھر صاحب کو لاش کے ہاتھ سے جانے کا بے حد افسوس ہوا۔ کیونکہ لاش کے بغیر شیرنی کا مارا جانا بہت مشکل کام تھا۔

کھوکھر صاحب نے خواب دیکھا اب تو کھوکھر صاحب بہت پریشان ہوئے اور اتنے اداس ہوئے کہ اس روز انہوں نے کھانا بھی نہ کھایا اور اسی خیال میں انہیں نیند آگئی۔ اچانک رات کو خواب میں کیا دیکھتے ہیں کہ ایک فرشتہ آیا ہے اور ان سے کہہ رہا ہے کہ تم ہمت سے کام لو۔

اور دوسروں کی طرح بزدل نہ بنو۔ آج تم شیرنی کو مارنے میں ضرور کامیاب ہوگے۔ اکدم سے کھو کھر صاحب کی آنکھ کھل گئی۔ کھو کھر صاحب نے فوراً اپنے اردلی کو بلایا۔ اسکو اپنا خواب سنایا اور بولے "اب مجھے پورا یقین ہے کہ میں شیرنی کو مارنے میں ضرور کامیاب ہو جاؤں گا۔"

شکار کی تیاری کھو کھر صاحب نے گاؤں کے ایک اچھے شکاری کو بلایا۔ اور شکار کی تیاریاں شروع کر دیں۔ صبح ہونے سے پہلے پہلے یہ لوگ دو رائفلیں اور ایک بارہ بور

لے کر شیرنی کی تلاش میں نکل پڑے جس مقام پر شیرنی نے میکو گونڈ کو مارا تھا، وہاں تک پولیس انسپکٹر گپتا جنگل کے حفاظتی دستے کو ساتھ لے کر گئے تھے اور پھر وہاں سے بنداول گاؤں کے لیے لوٹ گئے۔ جب وہ جانے لگے تو کھوکھر صاحب نے ان سے کہا کہ جب شام کو پانچ بج جائیں تو اس جگہ ان کا انتظار کریں۔ اب کھوکھر صاحب کے ساتھ ایک گاؤں کا شکاری اور ایک آدمی تھا جو محض ساتھ دینے کے لیے تھا تاکہ ضرورت کے وقت کام آئے۔ اب یہ تینوں شیرنی کی تلاش میں جنگل میں مارے مارے پھرنے لگے۔ کھوکھر صاحب نے شکاری ساتھی کے ہاتھ میں بارہ بور دے دی اور ایک رائفل اپنے دوسرے ساتھی کو دے دی اور خود بھی ایک رائفل لے کر آگے آگے چلنے لگے انھوں نے اپنے دونوں ساتھیوں کو سمجھا دیا کہ کسی حالت میں بھی اپنا دھیان اِدھر اُدھر نہ کریں۔ ورنہ ذرا سی غفلت تینوں کی جان لے لے گی۔

شیرنی لاش کو گھسیٹ لے گئی

اب ان لوگوں نے اس طرف کا رخ کیا۔ جہاں لاش چھوڑ آئے تھے۔ جب یہ لوگ وہاں پہنچے تو انہیں شیرنی کے پنجے اور لاش کھینچنے کے نشان نظر آئے۔ یہ لوگ انہیں نشانات کے سہارے آگے بڑھے۔ آج شیرنی کو لاش لے جائے ہوئے چوتھا دن تھا۔ راستے میں اتنی بدبو تھی کہ مارے بدبو کے سر پھٹا جا رہا تھا۔ اس کے علاوہ راستہ بھی جھاڑ جھنکاڑ بہت تھا۔ ان کا آگے بڑھنا مشکل ہو رہا تھا۔ جھاڑیوں کے گھنے ہونے کا اندازہ اس سے لگایا جا سکتا تھا کہ جہاں ان کے قدم پڑتے تھے وہاں دو گز تک دیکھنا ناممکن تھا۔ یہ لوگ بہت آہستہ آہستہ بڑھ رہے تھے اور ساتھ ہی ساتھ انہیں یہ بھی ڈر تھا کہ جانے کس جھاڑی میں سے

شیرنی ہمیں دیکھ رہی ہو اور اچانک ہم پر حملہ کر دے۔ ایسے حالات میں بہت پھونک پھونک کر قدم رکھنے پڑتے ہیں۔ انسان کی ذراسی غفلت اس کی موت کا سبب بن سکتی ہے۔ کسی نے سچ کہا ہے کہ "جہاں بازو سمٹتے ہیں وہیں صیاد ہوتا ہے"۔ شیرنی چالیس گز تک لاش کو بانسوں میں بندھے بندھے کھینچ کر لے گئی تھی۔ چالیس گز کا فاصلہ ان تینوں نے آدھے گھنٹے میں طے کیا۔ یہاں پہنچ کر شیرنی نے لاش کو بانس سے الگ کر دیا تھا۔ اور کھینچ کر جنگل میں اترتی چلی گئی تھی۔ جب یہ لوگ یہاں سے پچیس تیس گز اور آگے آگئے تو انہیں لاش کی آنتیں پڑی دکھائی دیں۔ آنتوں میں سے اس قدر بدبو آرہی تھی کہ ان لوگوں کو خوب قے ہوئی۔ لیکن کھوکھر صاحب نے طے کر لیا تھا کہ چاہے کچھ ہو، آج شیرنی کو مارنے کا موقع ہاتھ سے نہ جانے دیں گے۔ آنتوں کے پاس شیرنی کے پنجوں کے نشان صاف نظر آرہے تھے۔ دراصل یہ جگہ تھی جہاں شیرنی نے لاش کی آنتیں نکالیں اور جسم کا باقی حصہ کھینچ کر آگے لے گئی تھی۔ یہ لوگ اس وقت یقیناً

موت سے کھیل رہے تھے۔ اس وقت ان کے سامنے تو بس یہ خیال تھا کہ کسی طرح اس کو زندہ نہ چھوڑیں۔ ایک مشکل اور بھی تھی کہ اس جنگل میں کٹائی نہ ہونے کی وجہ سے گھاس بھی چار چار پانچ پانچ فٹ اونچی ہو گئی تھی۔ یہاں کوئی جانور بھی چرنے نہ آتا تھا۔ یہ لوگ بڑے غور سے دیکھ رہے تھے کہ کہیں آس پاس شیرنی نہ موجود ہو۔ ذرا سی آہٹ ہوتی تھی اور ان کی بندوقیں کندھوں پر پہنچ جاتی تھیں اسی طرح چلتے چلتے ساڑھے تین بج گئے۔ مگر شیرنی نظر نہ آئی۔ جیسے جیسے شام ہوتی جاتی تھی، کھوکھر صاحب کی پریشانی بڑھتی جاتی تھی۔ کیونکہ یہ لوگ ابھی تک اس جگہ نہ پہنچ پائے تھے جہاں شیرنی لاش لے گئی تھی۔

شیرنی لاش کو کھا رہی ہے تقریباً چار بجے یہ لوگ جنگل میں ایک ایسے حصے میں جانکلے جہاں جھاڑیاں ذرا ذرا سی دوری پر تھیں اور یہ سلسلہ ایک چھوٹے میدان میں ختم ہوتا تھا یہاں سے تقریباً پچیس تیس گز کے فاصلے پر میدانی حصے میں کسم کا ایک پیڑ تھا جس میں نئی نئی پتیاں نکل رہی تھیں دیکھتے کیا ہیں کہ اس پیڑ کے پیچھے شیرنی لاش کو کتے کی طرح بیٹھی ہوئی کھا رہی ہے

اس کی پیٹھ ان لوگوں کی طرف تھی۔ کھوکھر صاحب نے اپنے ساتھیوں کو پیچھے سے دکھایا۔ اب یہ لوگ آہستہ آہستہ پیڑ کی آڑ لے کر بڑھنے لگے شیرنی کے دھڑ کا حصہ پیچھے کی طرف تھا۔ کھوکھر صاحب نے اس طرف سے شیرنی کو گولی مارنا مناسب نہیں سمجھا۔ کیونکہ ان کو اندازہ تھا کہ اس طرح گولی لگنے پر شیرنی کس حد تک خطرناک ہوسکتی ہے۔ اور یہ ذرا سی غلطی تینوں آدمیوں کی موت کا سبب بن سکتی ہے۔ کھوکھر صاحب کے دوسرے ساتھی یہ بات نہیں سمجھ سکتے تھے ان کو حیرت ہو رہی تھی کہ شیرنی سے اتنا قریب ہونے کے بعد بھی کھوکھر صاحب اسے کیوں نہیں مار رہے ہیں۔ آخر ان دونوں سے نہ رہا گیا اور انہوں نے بڑی دھیمی آواز میں گولی چلانے کے لیے کہا۔ اس طرح کی ہلکی پھلکی، آوازوں سے شیرنی کو ان کی موجودگی کا علم ہوگیا اور وہ چھلاوے کی طرح قریب کی کسی جھاڑی میں چھلانگ لگا کر چھپ گئی۔ یہ لوگ آہستہ آہستہ آگے بڑھے اور لاش کے قریب آئے۔ کیا دیکھتے ہیں کہ شیرنی تقریباً پوری لاش کھا چکی ہے بس سر اور کمر کا تھوڑا سا حصہ باقی بچا ہے کھوکھر صاحب نے فوراً سڑک پر سے آدمیوں کو بلانے کے لئے اپنی جیب سے سیٹی نکال کر بجائی۔ اس جگہ سے سڑک تقریباً ۵ فرلانگ کے فاصلے پر تھی۔

آؤ مچان باندھیں

جب انسپکٹر گپتا اور ڈپٹی رینجر تکارام نے سیٹی کی آواز سنی تو وہ تقریباً پچیس آدمیوں کو لے کر وہاں پہنچ گئے۔ کھوکھر صاحب نے ان لوگوں سے کہا کہ ہمیں یہاں پر مچان باندھ کر بیٹھنا ہے۔ کیونکہ شیرنی لاش کھانے کے لیے دوبارہ ضرور آئے گی۔ ایک بات یہ بھی عجیب تھی کہ چار دن۔

پرانی لاش کو شیرنی اس بری طرح کھا رہی تھی۔ یہ شیرنی نڈر بھی بہت ہو چکی تھی اور اسے اس بات کا ذرا بھی خوف نہ تھا کہ اب لاش کے پاس نہ جانا چاہیے۔

کھوکھر صاحب نے ڈپٹی رینجر سے کہا کہ وہ ایک پیڑ پر چودہ فٹ اونچا مچان بندھوائے۔ ڈپٹی رینجر نے کھوکھر صاحب کی احتیاط کی خاطر اٹھارہ فٹ اونچا مچان بندھوانے کی رائے دی۔ آخر سب کے مشورے پر طے ہوا کہ سولہ فٹ کی اونچائی پر مچان باندھا جائے۔ جتنی دیر میں مچان باندھنے کی تیاریاں شروع ہوئیں کھوکھر صاحب نے لاش کے بچے ہوئے حصے کو ایک جھاڑ سے باندھ دیا۔ تاکہ شیرنی لاش کو لے کر بھاگ نہ سکے کھوکھر صاحب جس طرح صبح صبح خاکی قمیص اور خاکی نیکر میں ناشتہ کر کے نکلے تھے اسی حالت میں مچان پر بیٹھنے کو تیار ہو گئے۔ اب ایک ایسے آدمی کی ضرورت تھی جو ان کے ساتھ مچان پر بیٹھ کر ٹارچ دکھائے۔ اس کے لئے کوئی آدمی تیار نہیں ہو رہا تھا۔ کھوکھر صاحب نے اعلان کیا کہ ان کے ساتھ جو شخص بھی مچان پر بیٹھے گا اسے وہ پانچ روپیہ انعام دیں گے۔ اور اگر شیرنی مر گئی تو پھر دس روپیہ۔ بنداول گاؤں کا ایک آدمی اس کے لئے تیار ہو گیا۔ کھوکھر صاحب نے اسے خوب اچھی طرح سمجھایا کہ کس طرح، ان کے داہنے کندھے پر سے ٹارچ کی روشنی ڈالی جائے۔

<u>کھوکھر صاحب مچان پر بیٹھ گئے</u>

اب یہ دونوں آدمی مچان پر جا بیٹھے۔ اور کھوکھر صاحب نے ڈپٹی رینجر سے کہا کہ گولی کی آواز سننے کے بعد اگر ان کی ہمت پڑے تو ان لوگوں کو مچان پر سے اتار لے جائیں۔ البتہ سڑک پر سے چلا کر یہ ضرور پوچھ لیں کہ آنا مناسب

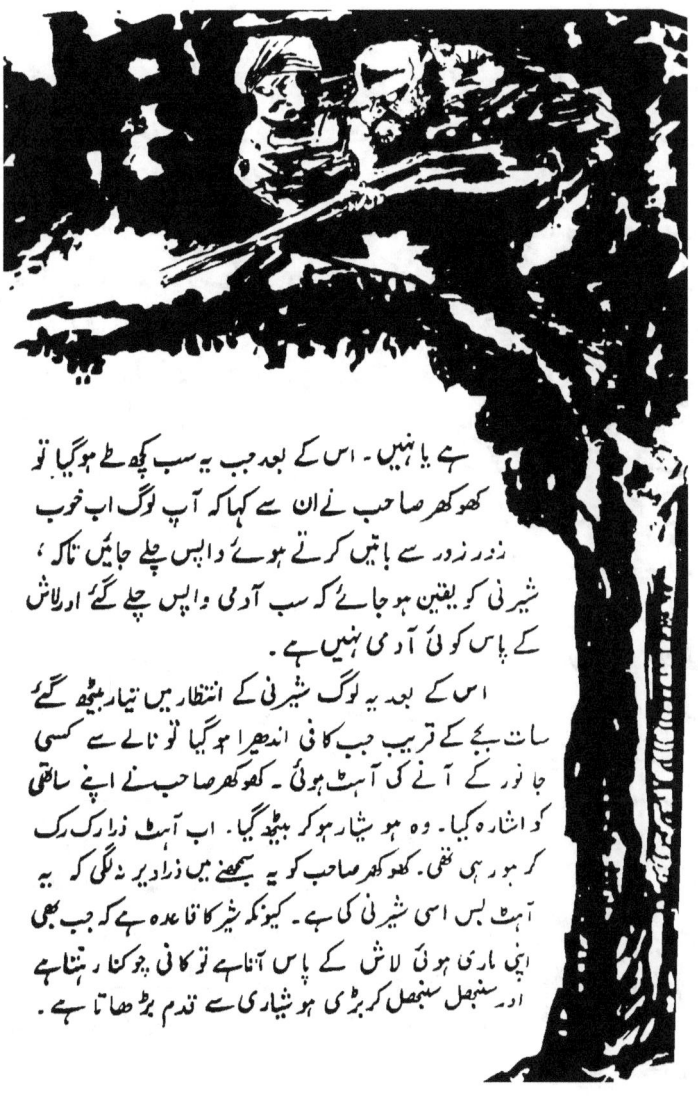

ہے یا نہیں۔ اس کے بعد جب یہ سب کچھ طے ہو گیا تو کھوکھر صاحب نے ان سے کہا کہ آپ لوگ اب خوب زور زور سے باتیں کرتے ہوئے واپس چلے جائیں تاکہ شیرنی کو یقین ہو جائے کہ سب آدمی واپس چلے گئے اور لاش کے پاس کوئی آدمی نہیں ہے۔

اس کے بعد یہ لوگ شیرنی کے انتظار میں تیار بیٹھ گئے سات بجے کے قریب جب کافی اندھیرا ہو گیا تو نالے سے کسی جانور کے آنے کی آہٹ ہوئی۔ کھوکھر صاحب نے اپنے ساتھی کو اشارہ کیا۔ وہ ہوشیار ہو کر بیٹھ گیا۔ اب آہٹ ذرا رک رک کر ہو رہی تھی۔ کھوکھر صاحب کو یہ سمجھنے میں ذرا دیر نہ لگی کہ یہ آہٹ بس اسی شیرنی کی ہے۔ کیونکہ شیر کا قاعدہ ہے کہ جب بھی اپنی ماری ہوئی لاش کے پاس آتا ہے تو کافی چوکنا رہتا ہے اور سنبھل سنبھل کر بڑی ہوشیاری سے قدم بڑھاتا ہے۔

"وہ ہے تو"

اب کھوکھر صاحب نے اپنی رائفل کو مضبوطی سے پکڑ لیا کیونکہ اسکے استعمال کا وقت بہت قریب آگیا تھا۔ ذراسی دیر بعد اندھیرے میں شیرنی کے لاش کو چبانے کی آواز سنائی دی۔ ساتھی نے کھوکھر صاحب کے داہنے کندھے سے ٹارچ کی روشنی لاش پر ڈالی۔ وہاں شیرنی لاش کو کھا رہی تھی۔ روشنی ہوتے ہی شیرنی کھڑی ہوگئی اور اگلے پنجے سے اس نے لاش کو اٹھانا چاہا۔ کیونکہ لاش مضبوطی سے بندھی ہوئی تھی۔ اس وجہ سے شیرنی کے لیے اس کو اٹھانا بہت آسان نہ تھا۔ شیرنی نے پوری طاقت لگا کر رسّی توڑ دی اور لاش کو اٹھا کر لے جانے لگی۔ اتنی دیر میں گاؤں والے کے منھ سے بے ساختہ نکلا "وہ ہے تو"

ابھی اس نے یہ کہا ہی تھا کہ شیرنی نے لاش کو زمین پر پھینک دیا اور مچان کی طرف دیکھنے لگی۔

کھوکھر صاحب نے گولی چلائی

کھوکھر صاحب نے ساتھی کا ہاتھ اپنی بغل سے ہٹا کر اپنے کندھے پر اس طرح رکھا کہ روشنی ٹھیک شیرنی کی آنکھوں پر پڑے۔ پھر کھوکھر صاحب نے رائفل ٹھیک سے کندھے پر لگا کر نشانہ لیا اور گھوڑا دبا دیا۔ ایک زوردار دھماکہ ہوا۔ شیرنی کے منھ سے آواز تک نہ نکلی اور وہ زمین پر گر پڑی۔ لیکن دو ایک سکنڈ کے بعد پھر اٹھی اور ایک جھاڑی کی طرف چل دی۔ ساتھی گھبرا گیا۔ اور ٹارچ اسکے ہاتھ سے ہل گئی اور کھوکھر صاحب دوسری گولی نہیں چلا سکے۔ شیرنی جھاڑی کے بیچ میں غائب ہوگئی۔

جیسے ہی گولی کی آواز ہوئی۔ بنداول گاؤں سے "مہاتما گاندھی زندہ باد" "کھوکھر صاحب زندہ باد" کے نعرے کی آوازیں سنائی دینے لگیں۔ اور گاؤں کے آٹھ دس آدمی اس جگہ پہنچ گئے جہاں شیرنی نے میکو کو مارا تھا۔ یہ جگہ مچان سے چار پانچ فرلانگ کے فاصلے پر تھی۔ یہ لوگ وہاں سے چلانے لگے کہ آپ شیرنی کو ایک گولی اور مار دیجئے پھر ہم آپ کو مچان پر سے اتار لیں گے۔

کھوکھر صاحب نے مچان پر سے چلا کر کہا " شیرنی کے گولی لگ گئی ہے پتہ نہیں مری کہ نہیں کیونکہ اندھیرے اور گھنی جھاڑی کی وجہ سے کچھ دکھائی نہیں دے رہا ہے۔"

ان لوگوں نے وہیں سے کہا۔ " ہماری وہاں آنے کی ہمت نہیں پڑ رہی ہے ہم لوگ گاؤں جا رہے ہیں"۔ اور پھر وہ چلاتے ہوئے گاؤں واپس چلے گئے جیسے جیسے رات بڑھتی جارہی تھی کھوکھر صاحب قمیص اور نیکر کے علاوہ کچھ بھی پہنے نہیں تھے۔ مارے سردی کے ان کا برا حال تھا۔ کھوکھر صاحب نے اپنے ساتھی سے کہا کہ "بھائی اگر تمہارے اندر ہمت ہو تو پھر آؤ مچان سے اتریں اور گاؤں

چلیں — لیکن اس نے صاف کہہ دیا کہ "نہیں میں ہرگز نہیں اتروں گا۔ اور نہ آپ کو اترنے دوں گا۔"

سردی میں مچان پر رات گذاری

اب تو ان لوگوں کے لیے اس کے علاوہ کوئی چارہ بھی نہ تھا کہ وہیں رات بھر بیٹھے سردی میں سکڑتے رہیں۔

جس وقت انہوں نے شیرنی کے گولی ماری تھی اس کے تین گھنٹے کے بعد مچان کے قریب ہی سے اس کے کراہنے کی آواز آئی۔ کھوکھر صاحب کو یقین ہو گیا کہ ان کی ایک ہی گولی نے شیرنی کو موت کے دروازے پر لے جا کر کھڑا کر دیا ہے اور وہ اپنی آخری سانسیں لے رہی ہے۔

ادھر دونوں آدمی سردی میں بری طرح سکڑ رہے تھے۔ یہاں تک کہ ساری رات کانپتے کانپتے اور جاگتے جاگتے گذر گئی۔ جب صبح کے پانچ بجے تو انھیں ادھر سے ایک چینل بھاگتا ہوا نظر آیا۔ یہ وہی جگہ تھی جہاں سے شیرنی کے کراہنے کی آواز آرہی تھی چینل کے ساتھ ایک چھوٹا بچہ بھی تھا یہ دونوں آکر مچان کے بالکل نیچے کھڑے ہو گئے۔ اور چینل اپنی گردن گھما کر اسی طرف دیکھنے لگی جدھر سے آئی تھی۔ کھوکھر صاحب مچان سے ذرا نیچے اترے انہوں نے اپنی رائفل کا کندا چینل کے مارادہ میں میں کرتی

ہوئی بھاگتی چلی گئی ۔

اب زرا دن نکل آیا تھا گاؤں کے لوگ پھر اپنی اسی پرانی جگہ پر جہاں شیرنی نے ہیکو کو مارا تھا اکٹھا ہو گئے ۔ وہاں سے ڈبنا رینجر لے چلاکر کہا ۔ صاحب ہم لوگ آرہے ہیں " ۔

کھوکھر صاحب نے مچان پر سے جواب دیا کہ " آجاؤ مگر ہوشیاری سے آنا " ۔

پھولوں کے ہار اور سبجے جے کار

جب یہ لوگ مچان کے قریب آگئے تو دیکھتے کیا ہیں کہ ان کے ہاتھ میں بے شمار پھولوں کے گجرے ہیں اور لوگ مارے خوشی کے دیوانے ہورہے ہیں وہ ا چھلتے کودتے اور ناچتے ہوئے چلے آرہے تھے ۔ ابھی کھوکھر صاحب زمین پر پاؤں بھی نہ رکھنے پائے تھے کہ ان لوگوں نے کھوکھر صاحب کو اپنے کندھوں پر بٹھا لیا ۔ پھولوں کے ہار ان کی گردن میں ڈالنے شروع کر دیئے اور جنگل ان کے نعروں سے گونجنے لگا ۔ اب کھوکھر صاحب ان سے کہہ رہے ہیں ۔۔۔۔ ارے بھائی مجھے یہ تو معلوم کرنے دو کہ شیرنی مری بھی ہے یا نہیں مگر وہاں ان کی کون سنتا ۔ وہ تو اس وقت جوش میں تھے اور بار بار کہتے تھے کہ صاحب کا نشانہ کبھی غلط نہیں لگ سکتا ۔ اس وقت عجیب بات یہ تھی کہ خود کھوکھر صاحب شک میں مبتلا تھے اور گاؤں والوں کو ان کے نشانے پر اتنا یقین تھا کہ ان کو ذرا سابھی شبہ نہیں پیدا ہوا ۔ ان کو بس یقین تھا کہ شیر مر چکا ہوگا اور اس کی لاش یہیں کہیں پڑی ہوگی ۔

آؤ شیرنی کی لاش دیکھو

کھوکھر صاحب نے ان لوگوں کو وہیں پہ روکا اور ا پنے رات والے ساتھی کو لیکر اس جگہ پر پہنچے جہاں شیرنی کے گولی لگی تھی ۔ وہاں زمین پر بہت سارا خون پڑا تھا ۔ جو

اب جم چکا تھا۔ خون کے نشان کو یہ لوگ دیکھتے دیکھتے آگے بڑھے۔ ابھی کچھ ہی دور گئے تھے کہ شیرنی نظر آئی۔ وہ زمین پر الٹی پڑی ہوئی تھی اور اسکی ٹانگیں ہوا میں جھول رہی تھیں۔ گویا یہ اس بات کی نشانی تھی کہ اب شیرنی میں دم باقی نہ تھا۔

کھوکھر صاحب نے چلّاکر گاؤں والوں کو آواز دی۔" یہ دیکھو شیرنی مری پڑی ہے"

ان کی آواز سنتے ہی گاؤں والے دوڑے دوڑے آئے۔ ان گاؤں کے لوگوں میں میکو کے کچھ رشتے دار بھی تھے انہوں نے غصّے میں آکر شیرنی پر ڈنڈے برسانے شروع کر دیئے۔ اور اس طرح شیرنی پر اپنا غصّہ اتارا۔

میکو کی چتا کو آگ دی گئی :۔ اسکے بعد کھوکھر صاحب نے لکڑی اکٹھا کر کے میکو کے جسم کے بچے ہوئے حصے کی آخری رسومات ادا کیں۔ اسوقت کھوکھر صاحب کی آنکھوں میں آنسو آگئے اور انھیں اپنا حملہ یاد آگیا جو انہوں نے مذاق میں میکو سے کہا تھا کچھ دنوں بعد کنزرویٹر صاحب نے جبلپور سے دورے میں " اچانک مار" آکر کیمپ کیا اور دوسرے دن اس مقام پر پہنچے جہاں پر میکو کو شیرنی

نے پکڑا تھا۔ اور جہاں پر شیرنی کو گولی ماری گئی تھی اور وہ جگہ جہاں پر شیرنی نے گولی کھا کر آخری سانس لی تھی۔ اسکے بعد کنزرویٹر صاحب میکو کے گھر پُرسہ دینے گئے۔ شام کو بنداول، اچانک اور آس پاس کے گاؤں والے کنزرویٹر صاحب کے سامنے پیش ہوئے اور انہوں نے مانگ کی کہ وہ لوگ اس جگہ پر جہاں شیرنی نے میکو کو مارا تھا ایک مقبرہ بنانے کی اجازت چاہتے ہیں۔ جس کیلئے پیسہ اکٹھا کر لیا گیا ہے۔ کنزرویٹر صاحب نے فوراً اجازت دیدی۔ مقبرہ میں لگانے کے لئے کلکتہ سے ایک خوبصورت پتھر پر یہ لائنیں لکھ کر آئیں:۔

"میکو گونڈ فائر واچر کو آدم خور شیرنی نے تاریخ ۸ جولائی ۱۹۴۶ء کو مارا تھا۔ جسے تاریخ ۱۳ جولائی ۱۹۴۶ء جناب محمد وحید خاں کھوکھر، رینج آفیسر کوٹا نے مری میں بیٹھ کر گولی سے مارا"۔

اس مقبرہ پر ہندی اور انگریزی میں ایک پتھر لگا ہوا ہے۔ یہ مقبرہ آج بھی اچانک مار سے ساڑھے تین میل دور کوٹا امرکنٹک سڑک پر بائیں کنارے پر بنا ہوا ہے جو صدیوں تک میکو کی عظیم قربانی دہراتا رہے گا۔

اس طرح بہادر کھوکھر صاحب نے آدم خور شیرنی کو مار کر آس پاس کے گاؤں والوں کو مصیبت سے نجات دلائی۔ اور وہ آرام و چین کی نیند سونے لگے اور بستی کی رونق کھوکھر صاحب کی بدولت پھر واپس آ گئی۔

سچ ہے کہ زندگی خطروں میں جینے کا نام ہے۔ کھوکھر صاحب نے اپنی زندگی اسی طرح خطروں میں گذاری لیکن انہوں نے دوسرے لوگوں کو ہنسنے اور بے خوف و خطر زندگی گذارنے کا موقع دیا اصل زندگی وہی ہے جب انسان دوسروں کے کام آئے۔ ہر بڑے کام کے لیے انسان کو خطروں کا مقابلہ کرنا پڑتا ہے۔ کچھ قربانی کرنا پڑتی ہے۔ ایسی قربانی جس کے بدلے کی اس وقت کوئی آرزو بھی نہیں ہوتی۔ ایسے کاموں سے خود نیکی کرنے والے کو تسکین ہوتی ہے۔ ہزاروں، لاکھوں آدمیوں کی دعائیں ہوتی ہیں اور یہی تسکین اور دعائیں اس نیکی کا معاوضہ ہیں اس کا بدلہ ہیں ۔

احمر پرویز